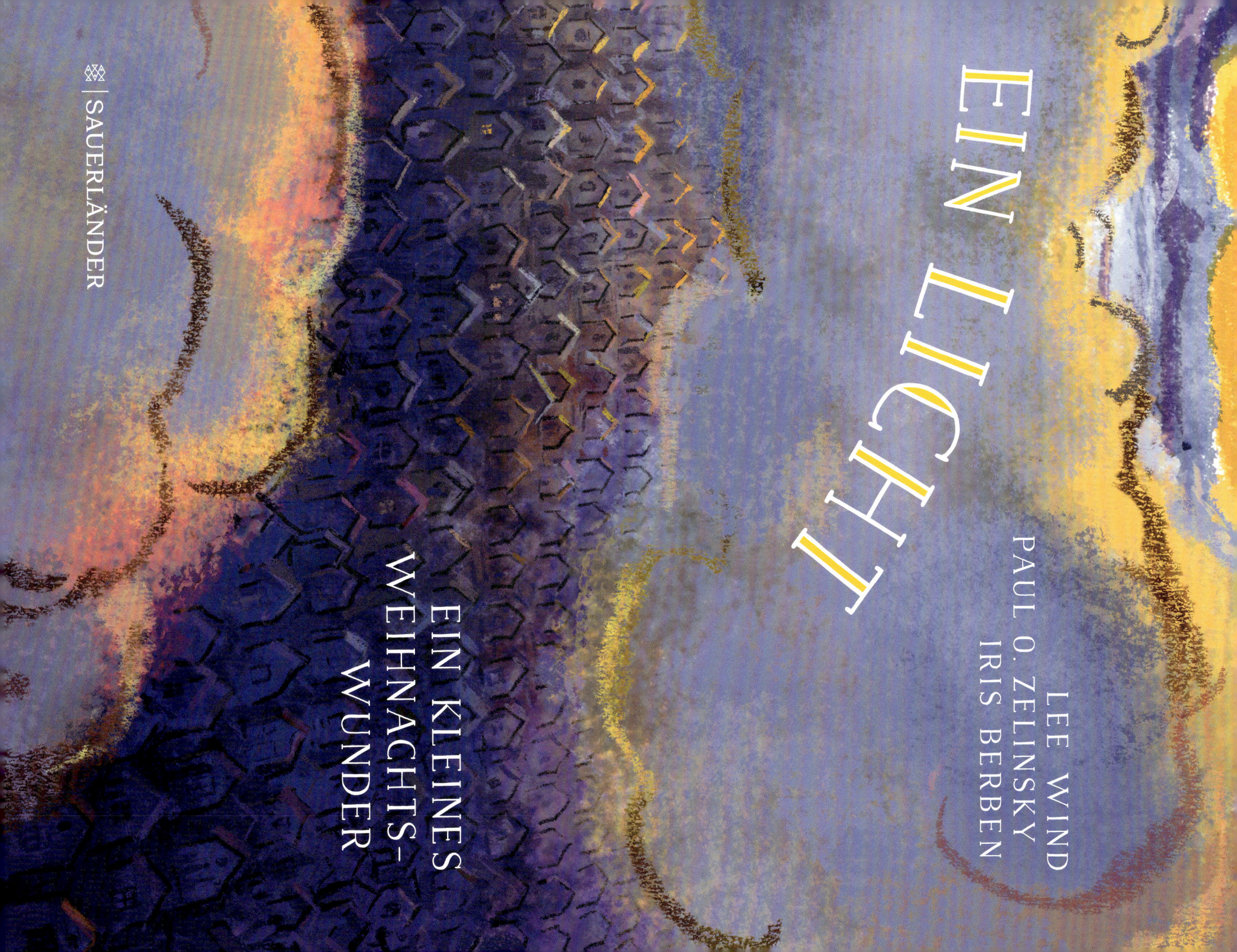

Simon hilft gemeinsam mit der ganzen Familie, das große Fenster für Chanukka zu dekorieren.

Auf der anderen Straßenseite schmückt seine beste Freundin Teresa den Tannenbaum.

Teresa malt am liebsten.

Beide toben gerne im Schnee

und zählen die Tage bis zum großen Fest.

„noch 23 Tage bis Weihnachten!"

„noch 6 Nächte bis Chanukka!"

Und sie freuen sich über die vielen bunten, süßen Streusel auf den Plätzchen.

Am Abend leuchten grüne und rote Lichter in Teresas Fenster.

Auf der anderen Straßenseite zündet Simon mit seiner Familie die Kerzen des Chanukkaleuchters an, und in seinem Fenster leuchtet es blau und weiß.

Blau und Weiß Chanukka-Licht

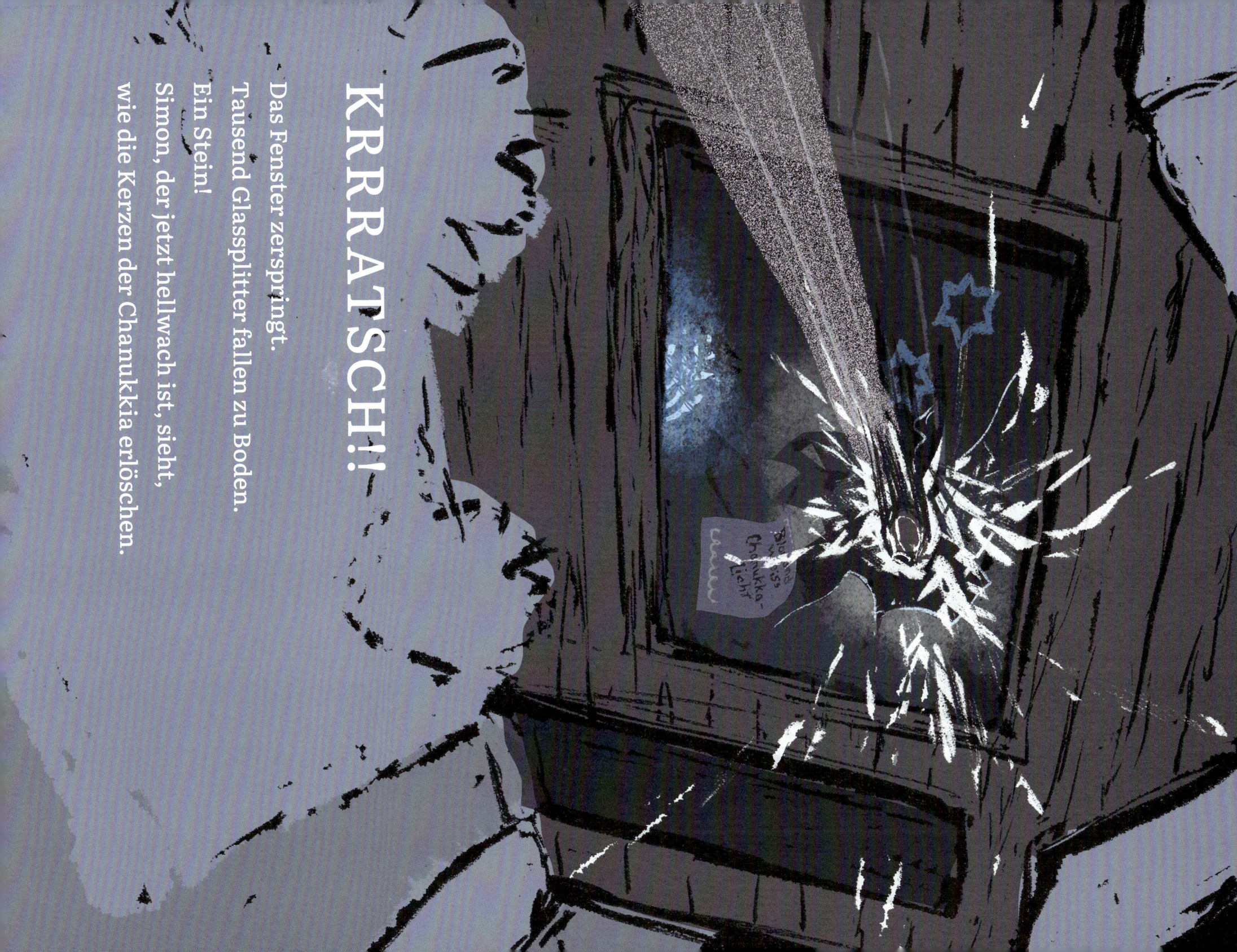

KRRRATSCH!!

Das Fenster zerspringt.
Tausend Glassplitter fallen zu Boden.
Ein Stein!
Simon, der jetzt hellwach ist, sieht,
wie die Kerzen der Chanukkia erlöschen.

Die Erwachsenen reden alle durcheinander. Der Vater ruft ihm und seiner kleinen Schwester zu: »Ihr schlaft heute in unserem Zimmer.«

Simons Mama fragt: »Sollen wir die Kerzen wieder anzünden?« Und Simon weiß, wenn sie es nicht tun, sieht es so aus, als würden sie sich verstecken – als wollten sie sich nicht zeigen, dass sie Juden sind. Und das fühlt sich gar nicht richtig an!

Am nächsten Abend zündet Simon die Kerzen an, und hinter der neuen Fensterscheibe erstrahlen wieder die Lichter in Blau und Weiß.

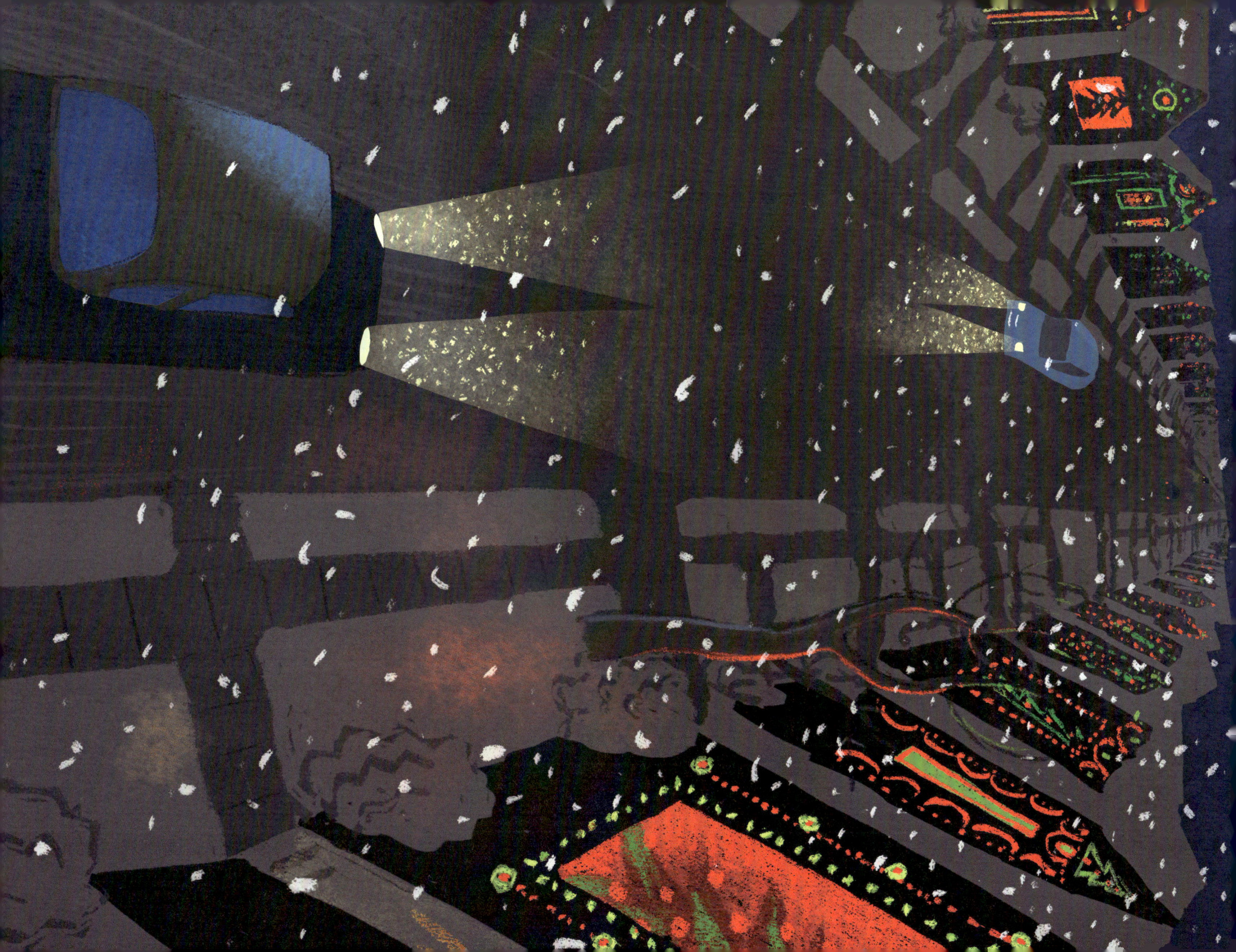

Teresa sieht von ihrem Fenster, wie die Chanukkia wieder leuchtet. Vor lauter Freude darüber atmet sie so schnell, dass sie sich beinahe verschluckt hätte.

Sie holt ein großes Blatt Papier, ihre Buntstifte und malt eine wunderschöne Chanukkia

und schreibt darüber
in großen Buchstaben: Für Simon.
Dann klebt sie das Bild an die Fensterscheibe –
und so leuchten auch blaue und weiße Lichter
in ihrem Fenster …

Diese schöne Idee gefällt ihren Freunden und vielen anderen Menschen, und sie alle malen auch Bilder, die sie in die Fenster hängen.

In Schulen, in der Bibliothek …

... in Geschäften, Restaurants, im Kindergarten.

Die Zeitungen und sogar das Fernsehen berichten darüber.

Drei Wochen sind vergangen, seit jemand einen Stein in Simons Haus geworfen hat. Und heute stehen alle Seite an Seite – die ganze Stadt ist geschmückt –, und sie alle feiern gemeinsam das Fest der Liebe.

Aus mehr als 10.000 Fenstern leuchten Kerzen, und die Menschen singen …

Lee Wind schreibt wahre Geschichten oder erfindet welche. Immer im Zentrum sind dabei Kinder oder Jugendliche, die entweder von der Gesellschaft ausgegrenzt sind oder mit ihrem Mut und ihrem Selbstbewusstsein dabei helfen, die Welt ein bisschen besser zu machen. Er lebt mit seinem Ehemann und gemeinsamer Tochter in Los Angeles.

Paul O. Zelinsky studierte einst bei Maurice Sendak Illustration und gehört heute mit zu den bedeutendsten Kinderbuchillustratoren der USA. 1998 erhielt er für eines seiner Bücher die renommierte Caldecott Medal, 2018 den Eric-Carle-Ehrenpreis. Er lebt mit seiner Familie in Brooklyn, New York.

Iris Berben, 1950 geboren, gehört zu den bekanntesten und erfolgreichsten Schauspielerinnen der deutschen Film- und Fernsehbranche. Neben ihrer schauspielerischen Tätigkeit war es Iris Berben immer auch ein Anliegen, in der Öffentlichkeit Haltung zu zeigen und für Toleranz und Mitmenschlichkeit und gegen das Vergessen, gegen Antisemitismus einzutreten.

Bemerkung des Autors

Diese Geschichte ist inspiriert von einer wahren Begebenheit, die sich 1993 in Billings, Montana, USA zugetragen hat. Teresa und Simon gibt es wirklich, auch wenn ich manche Details ihrer Geschichte erfunden habe. Meine Hoffnung und Zuversicht drücken sich in dem Verhalten der Menschen des Ortes Billings aus. Sie haben der Familie nicht nur beigestanden. Nein, sie sind auch aufgestanden, um zu sagen, dass sie nicht einverstanden sind. Und wenn eine ganze Stadt für Freundschaft, Respekt und Liebe aufsteht, dann ist das ein eindeutiges Signal an die Steinewerfer. Nur so kann die Liebe gewinnen.

Für Gavi. Verwende alle Farben – dafür sind sie da. LW

Für Norman. – POZ

Aus Verantwortung für die Umwelt hat sich der Fischer Kinder- und Jugendbuch Verlag zu einer nachhaltigen Buchproduktion verpflichtet. Der bewusste Umgang mit unseren Ressourcen, der Schutz unseres Klimas und der Natur gehören zu unseren obersten Unternehmenszielen.

Gemeinsam mit unseren Partnern und Lieferanten setzen wir uns für eine klimaneutrale Buchproduktion ein, die den Erwerb von Klimazertifikaten zur Kompensation des CO_2-Ausstoßes einschließt.

Weitere Informationen finden Sie unter:
www.klimaneutralerverlag.de

Die englische Originalausgabe erschien 2021 unter dem Titel
»Red And Green And Blue And White« Levine Querido,
34 Newark St., Suites C&D, Hoboken, NJ 07030, USA
© 2021 Text Lee Wind
© 2021 Illustrationen Paul O. Zelinsky

Erschienen bei FISCHER Sauerländer

© 2022 Fischer Kinder- und Jugendbuch Verlag GmbH,
Hedderichstr. 114, D – 60596 Frankfurt am Main
Umschlaggestaltung: Maria Seidel unter Verwendung
einer Illustration von Paul O. Zelinsky
Satz: Dahlhaus & Blommel Media Design, Vreden
ISBN 978-3-7373-6133-0